NOTICE

DES PRINCIPAUX ARTICLES

DE TABLEAUX,

DESSINS, ESTAMPES,

Et autres Objets de curiosité,

*Provenans du Cabinet de M.****

TABLEAUX.

N.º 1. L'ENVOYÉ d'Abraham allant
demander Rachel en mariage, la rencon-
tre qui fait boire son troupeau au pied de
la montagne de Bethel.

Ce Tableau, d'une composition noble
& d'un site intéressant, est peint d'après
Raphaël, par *la Hire*.

Hauteur 3 pieds 6 pouces, Largeur 4
pieds 5 pouces. Toile.

2 Jésus-Christ en contemplation. Il est de-

bout, & a les bras étendus : il leve les yeux au ciel d'où part une lumière qui l'éclaire. Ce Tableau d'un bel empâtement de couleur est dans la manière du *Correge*. Il a appartenu à M. le Comte de Vence.

Hauteur 8 pouces 6 lignes, largeur 6 pouces 6 lignes. Cuivre.

3 La Charité humaine, caractérisée par une femme entourée d'enfans, dans un paysage ; bonne Copie d'après un Tableau de *l'Albane*, qui a été gravé par *J. Daullé*.

Hauteur 24 pouces. Largeur 30 pouces. Toile.

3-bis Deux Savoyards qui paroissent prendre plaisir à manger une grappe de raisin & une tranche de melon d'eau : pour pendant un jeune homme assis, & ayant auprès de lui un panier & un vase de terre rempli d'œufs. Dans le fond on distingue quelques figures. On les croit de *Morillos*. Le premier est peint sur cuivre, & l'autre sur bois.

Hauteur 10 pouces 6 lignes. Larg. 8 pouces, ceintrés.

4 L'Alliance de Bacchus, Vénus & Cérès ; bon Tableau par *Abraham Bloëmaert*. Il a été gravé par *Saenredam*.

Hauteur 3 pieds 5 pouces. Largeur 3 pieds. Toile.

NOTICE

DES PRINCIPAUX ARTICLES

DE TABLEAUX,

DESSINS, ESTAMPES,

ET AUTRES OBJETS DE CURIOSITÉ;

*Provenants du Cabinet de M.***.*

Dont la Vente se fera le Lundi 24 Avril 1780,
& jours suivans, de relevée, à l'Hôtel d'A-
ligre, rue Saint Honoré.

*Les Amateurs pourront voir les Objets qui la com-
posent, le Dimanche 23, le matin depuis neuf
heures jusqu'à deux heures.*

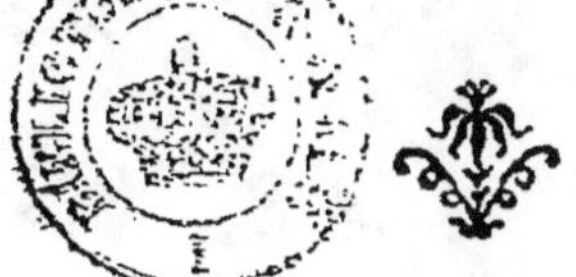

La présente Notice se distribue;

A PARIS,

Chez
{
Mᶜ DUFRESNE, Huissier-Commis-
saire-Priseur, rue Princesse.
JOULLAIN, Marchand de Tableaux &
d'Estampes, quai de la Mégisserie.

M. DCC. LXXX.

NOTICE

DES PRINCIPAUX ARTICLES

DE TABLEAUX,

DESSINS, ESTAMPES,

ET AUTRES OBJETS DE CURIOSITÉ

Provenans du Cabinet de M***.

Dont la Vente se fera le Lundi 24 Avril 1780, & jours suivans, de relevée, à l'Hôtel d'Aligre, rue Saint-Honoré.

Les Amateurs pourront voir les Objets qui la composent, le Dimanche 23, le matin depuis neuf heures jusqu'à...

La présente Notice se distribue

A PARIS,

Chez { M. DUCHESNE, Huissier-Commissaire, rue Fromenteau, rue Princesse.
{ JOULLAIN, Marchand de Tableaux & d'Estampes, quai de la Mégisserie.

M. DCC. LXXX.

5 L'Enlevement d'Hélène ; bon Tableau par *Théod. van Tulden*. G

    Hauteur 16 pouces 6 lignes. Largeur 24 pouces. Bois.

6 La Femme adultere ; Tableau sur bois par *L. Braemer*.

    Hauteur 5 pouces. Largeur 8 pouces.

7 Un Lièvre & des Oiseaux morts dans un paysage. Tableau par *Hondekoëter*.

    Hauteur 2 pieds 8 pouces. Largeur 2 pieds 3 pouces. Toile.

8 Une Femme gardant un troupeau au bord d'une riviere. D'après *Albert Cuyp*.

    Hauteur 21 pouces 6 lignes. Largeur 28 pouces 6 lignes. Bois. G

9 Deux Chiens poursuivant des Canards sauvages ; & pour pendant un Faucon qui tient une Perdrix dans ses serres. Tableaux par *Grif*.

    Hauteur 21 pouces. Largeur 25. Toile.

10 Vue d'une Campagne de Flandres. On distingue sur le devant des Paysans qui sont occupés à faire la moisson. Tableau d'une touche spirituelle & d'un ton clair par *Fouquieres*. C'est un des plus beaux de ce Maître.

    Hauteur 23 pouces. Largeur 33 pouc. Toile.

10 bis Deux Sujets des Conquêtes de Louis XIV ; l'un représente la réduction de Marsal, & l'autre le Siége de Douay. Ces deux Tableaux, par *vander Meulen*,

A iij

font d'un rare mérite. Ils ont été gravés par *S. le Clerc* & *Simonneau.*

Hauteur 19 pouces. Largeur 30 pouces. Toile. *E*

11 Un Chien de chaſſe & une Perdrix. Tableau par *Riſbrack le jeune.*

Hauteur 3 pieds 6 pouces. Largeur 4 pieds 4 pouces.

12 Des Payſans aſſemblés dans une chambre ; ils s'amuſent à boire & à danſer. Tableau ſur cuivre par *van Helmont.* *G*

Hauteur 7 pouces. Largeur 9 pouces 3 lignes.

13 Des Femmes nues, les unes ſe baignent, & les autres ſont debout & aſſiſes au pied d'une caverne remplie d'eau. Tableau d'une compoſition agréable par *Varège,* Eleve de *C. Poelembourg.*

Hauteur 17 pouces 6 lignes. Largeur 23 pouces. Bois. *G*

14 Une Naïade aſſiſe aux pieds des roſeaux. Elle tient une coquille, & eſt entourée de poiſſons & coquillages, par *van Keſſel.* La figure eſt peinte par *van Balen.*

Hauteur 13 pouces. Largeur 10 pouc. Bois.

14 bis Une Tabagie ; ſur le devant on diſtingue quatre Payſans Flamands qui s'amuſent à chanter & à jouer de la guitarre. Ce Tableau, d'une touche ſavante & d'un *E*

bel empâtement de couleur, est peint par *Rickaert.*

Hauteur 15 pouces 6 lignes. Largeur 21 pouces. Bois.

15 Procris blessé : Céphale vient à son secours. Tableau d'un fini précieux par *G. Hoet.*

Hauteur 7 pouces 6 lignes. Largeur 8 pouces 6 lignes. Bois.

16 Le Portrait d'un Peintre. Il est assis ; dans le fond on apperçoit un Tableau sur un chevalet. Ce morceau a beaucoup de mérite, & est peint par un Maître Hollandois.

Hauteur 6 pouces 6 lignes. Largeur 5 pouces 3 lignes. Cuivre.

17 Vue d'une Campagne de Flandres. On remarque sur le devant des Moissonneurs qui dansent. Joli Tableau par *un Maître Flamand.*

Hauteur 11 pouces. Largeur 13 pouces 6 lignes. Bois.

18 La Mort de Pyrame, au moment où Thisbé le trouve expirant, L'Amour brise son arc. Dans un Paysage.

Ce Tableau, du plus rare mérite, est peint sur toile par *N. Poussin.*

Hauteur 4 pieds. Largeur 5 pieds.

19 Le Triomphe de Bacchus, par *Chaperon.*

Hauteur 18 pouces. Largeur 28 pouc. Toile.

30   20 Saint Louis en prieres devant la croix ;
il eſt entouré d'Anges. Figure demi-
nature d'après *C. le Brun*, propre à
orner une chapelle.

12.12   21 Le Portrait en buſte & de grandeur
naturelle d'un Magiſtrat. Bon Tableau par
Ph. de Champagne.
  Hauteur 2 pieds 6 pouces. Largeur 2
pieds. Toile.

96   22 Le Portrait de Tournieres par *lui-même* ;
il eſt coeffé d'une toque ornée de plumes.
Tableau d'un caractere agréable & d'un
fini précieux.
  Hauteur 7 pouces 6 lignes. Largeur 6
pouces. Forme ovale.

9-15   23 L'Homme endormi , la Mouche &
l'Ours , Sujet tiré des Fables de la Fontaine. Tableau par *Bertin*.
  Hauteur 24 pouces. Largeur 30 pouc.
Toile.

7   24 Un Sujet allégorique , compoſé de huit
figures peintes par *Favannes*.
  Hauteur 27 pouces. Largeur 33 pouces
6 lignes. Toile.

30.14   25 Quatre Payſages & Architecture , enri-
chis de figures par *la-Joue*.
  Hauteur 18 pouces , Largeur 32 pouces. Toile.

57   26 L'Education de la Vierge par Sainte
Anne. Tableau d'une touche ſavante &
d'un effet piquant , par *Deshayes*.

Hauteur 3 pieds. Largeur 2 pieds 3 pouces. Toile.

27 Deux Paysages montagneux faits en Italie, par *M. Robert*. Dans l'un on remarque un aquéduc, & dans l'autre une Chûte d'eau. D

Hauteur 5 pouces 3 lignes. Largeur 6 pouces 9 lignes. Bois, de forme ovale.

28 Deux autres, faits au premier coup, & d'une touche très-spirituelle, par *le même*. Dans l'un on distingue une colonne, & dans l'autre une jeune fille sur une balançoire. D

Hauteur 9 pouces 3 lignes. Largeur 7 pouces 3 lignes. Bois.

29 Une Femme dans l'intérieur de son ménage. Elle tient sur ses genoux un enfant qui s'amuse à jouer avec un chien, & elle semble gronder un autre de ses enfans, qui est appuyé sur un berceau. Ce Tableau est peint sur bois par *M. Charpentier*.

Hauteur 15 pouces. Largeur 12 pouces. C

30 Une Femme présentant la soupe à son enfant, qui paroît n'en pas vouloir. Le frere aîné les regarde. Sur le devant un poëlon de terre sur un fourneau, & un petit chien qui s'en approche, comme pour goûter ce qu'il y a dedans. Ce Tableau peint par *le même*, porte 8 pouc. 6

lignes de haut, sur 6 pouces 6 lignes de large. Bois.

31 Des Roses, Œillets, Pavots, Tulipes, dans un vase, sur un rebord de marbre; on y distingue aussi un tapis, une montre & différens insectes.

Hauteur 2 pieds 9 pouces. Largeur 28 pouces. Toile.

---

32 Sainte Famille dans un Paysage; précieuse Miniature d'après *Raphaël*. Forme ronde. 8 pouces 6 lignes de diametre. On en connoît l'Estampe au Cabinet Crozat, par *N. de Larmessin*.

33 Trois Sujets agréables par M. *Charlier*; ils sont de forme ovale, & portent 13 pouces de haut sur 10 de large.

---

34 Deux Vues à gouache très-intéressantes, d'une étendue immense, dont une ornée d'architecture. Elles sont enrichies de figures par *Patel* en 1690.

Hauteur 6 pouces; Largeur 8 pouces.

35 Deux jolis morceaux à gouache, par M. *Carle*. Ils représentent des fleurs & fruits, un nid d'oiseaux, &c.

Hauteur 16 pouces 6 lignes, Largeur 13 pouces 6 lignes.

DESSINS ENCADRÉS.

36 Études de figures, hommes, femmes & enfans, au crayon noir & blanc sur papier gris, par *F. Boucher.* K   6 1

37 Étude de femme, au crayon noir & blanc sur papier gris, par *le même.* H   8

38 Autre Étude de femme vue par derriere; Dessin au pastel par *Mettay*, d'après *le même.* H   5. 9

39 Deux sujets de Bacchanale & Sacrifice, à la plume & au bistre, par *la Rue le jeune.*   16 1

40 Ruines d'anciens monumens; Dessin lavé d'aquarelle, par *M. Boucher fils.* H   12

41 Un joli Paysage lavé d'aquarelle, par *M. Huet.* On y distingue plusieurs figures & animaux. H   36

42 Deux Paysages d'un site intéressant, lavé de même & par *le même.* H   30

DESSINS EN FEUILLES.

43 Deux sujets composés de deux figures peintes à gouache & revêtues d'étoffes. Les accessoires en paille. O   34 1

44 Deux autres de même; dans ceux-ci il n'y a qu'une seule figure. O   9 "

ESTAMPES ENCADRÉES.

42-10   45 L'Ecole d'Athènes d'après *Raphaël*, par *Volpato* ; avec la petite feuille des principales têtes de ce sujet.

46 Les Conseules d'après *le Guide*, par J. Beauvarlet.

47 La Mort de Marc Antoine, d'après *Pompeio Battoni*, par *J. G. Wille*.

27   48 Six sujets de l'Histoire d'Adam & Eve, par *Corn. Bloëmaert* & *Swanenburg*.

10   49 L'Age d'Or, d'après *Ab. Bloëmaert*, par *Th. de Bry*.

5   50 Loth sortant de Sodôme, d'après *Rubens* par *Vosterman*.

18   51 Le Couronnement de la Reine, d'après *Rubens*, par *J. Audran*. Cette estampe fait partie de la Galerie du Luxembourg.

19.10   52 La Mort de Cléopâtre, d'après *Netscher*, par *J. G. Wille* ; épreuve parfaite.

11.19   53 La Devideuse, d'après G. *Dow*. La Tricoteuse, d'après *Mieris*. Toutes deux gravées par *le même*.

22   54 Instruction paternelle, d'après G. *Terburg*, par *le même*.

10.4   55 Corps-de-Garde Hollandois, d'après G. *Scalcken*, par P. *Maloeuvre*.

17.3   56 La Mort d'Abel, d'après le Chevalier *Vander-Verff*, par N. *Porporati*.

57 La Maladie d'Alexandre, d'après E. le Sueur, par B. Audran; ancienne épreuve. — 11 - 4

58 Suzanne au bain, d'après Santerre, par N. Porporati. 1 — 15

59 Les Grâces, d'après C. Vanloo, par J. Pasquier. 1 — —

60 Un Bacha faisant peindre sa Maîtresse, d'après le même, par Lépicié. 1 — 9 - 1

61 Le Concert du Grand Sultan, d'après le même, par C. A. Littret. 1 — 9 - 1

62 Les Baigneuses, d'après le même, par L. Lempereur. 1 — —

63 Offrande à Vénus, d'après M. Vien. Offrande à Cérès, d'après le même; toutes deux par J. Beauvarlet. 1 — —

64 Pigmalion amoureux de sa statue, & le Triomphe de la Peinture, d'après L. Lagrenée, par F. Dennel. 1 — 12 - 1

65 Le Bonheur du Ménage & l'Heureuse Fécondité, d'après J. B. le Prince & H. Fragonard, par N. de Launay. 1 — 9 - 6

66 La Diseuse de bonne Aventure Russienne, d'après J. B. le Prince, par R. Gaillard. 1 — 7 - 11

67 Une jeune Fille pleurant la perte de son Serin, & Pendant, d'après J. B. Greuze, par J. J. Flipart & Ingouf. - 1 — —

68 La Tricoteuse & la Devideuse, d'après J. B. Greuze, par J. J. Flipart & C. D. Jardinier. 1 — 7 - 6

69 La Cruche cassée, d'après le même, par J. Massard. 1 — —

5 . 3   70 Les Bourguemestres, d'après *T. Keyser*, par *Suyderhoef*.

73 . 10   71 Jacques-Bénigne Bossuet, Evêque de Meaux, d'après *H. Rigaud*, par *P. Drevet*.

20 . 4   72 Dix Portraits d'Hommes illustres, par *Fiquet*, dont Moliere, la Fontaine, Crébillon, Voltaire, &c.

———   73 Un Vase rempli de fleurs, d'après *J. van Huysum*, par *R. Earlom*. Cette Estampe est précieuse, & l'épreuve en est parfaite.

18   74 Clara, d'après *W. Peters*, par *J. R. Smith*.

E S T A M P E S E N F E U I L L E S.

9   75 Neuf Estampes, dont Jupiter & Léda, d'après *P. Véronese*, par *A. de Saint Aubin*, épreuve avant la lettre; Vénus Anadyomène, d'après *le Titien*, par le même, épreuve avant la bordure, les Vignettes qui en dépendent, &c. L

13 . 15   76 La Mort de Didon, d'après *le Guerchin*, par *R. Strange*. Epreuve avant la troisième ligne.

10 . 1   77 La même Estampe, avec la troisième ligne.

21 . 10   78 Les Couseuses, d'après *le Guide*, par *J. Beauvarlet*. Epreuve avant la lettre.

36 . 16   79 La Mort de Marc-Antoine, d'après *P. Battoni*, par *J. G. Wille*; épreuve avant la lettre.

ESTAMPES. 15

80 Quarante-six de différents Maîtres, dont   12 - 4
plusieurs d'après *Breughel* d'Enfer.

81 Huit jolis Paysages, dont six avant la   9
lettre, d'après *D. Teniers*, *B. Bréemberg*,
C. Poelemburg, *Casanove*, &c. par *Marti-*
ni, *Daudet*, *Godefroi*, & autres.

82 La Fermeté de Mutius Scévola, d'après   11 - 19
Rubens, par *J. Schmuzer*.

83 Le Rachat de l'Esclave d'après *N. Ber-*   7
ghem, par *J. Aliamet*; épreuve avant la
lettre.

84 La Devideuse & la Liseuse, d'après *G.*   10
Dow, par *J. G. Wille*; très-belles épreuves.

85 Agar présentée à Abraham par Sara,   24. 2
d'après *Diétricy*; par le *même*; épreuve
avant la lettre.

86 Trois, dont le Gâteau des Rois, & pen-   12
dant, d'après *Tilborg*, par *J. Danzel*.

87 Agar renvoyée, d'après le *Chevalier Van-*   40
der-Verff, par *N. Porporati*.

88 La mort d'Abel, d'après le *même*, par   14. 1
le *même*; épreuve avant la lettre.

89 Vue d'un port de mer, d'après *J. Vernet*,   11
par *Dupin*.
       La Pêche du Thon, d'après le *même*,
par *C. N. Cochin* & *J. P. le Bas*; épreuves avant la lettre.

90 Première & deuxième Vues du Levant,   9. 6
d'après le *même*, par *J. Aliamet*; épreuves
avant la lettre.

91 Vingt-trois, différentes Vignettes pour   9

le Poëme de Roland, les Métamorphoses d'Ovide, & autres Ouvrages, d'après MM. Gravelot, Cochin, Moreau, &c. la plupart avant la lettre.

12-15   92 Quarante-sept, Vignettes & Culs-de-lampes pour différens Ouvrages de Littérature.

5-19   93 Ciuquante autres, de même.

8   94 Cinq Estampes, d'après *Beaudoin*, dont le Lever, la Toilette, le Chemin de la Fortune, &c.

15-10   95 La Dame bienfaisante, d'après *J. B. Greuze*, par *N. Maffard*.

11-15   96 Le Gâteau des Rois, d'après *le même*, par *J. Flipart*.

46   97 La malédiction paternelle, d'après *le même*, par *R. Gaillard*; épreuve avant la lettre.

24   98 Deux Estampes, dont le Silence, d'après *le même*, par *C. D. Jardinier*; ancienne épreuve avec la faute.

8-19   99 Trois Estampes, dont la Vertu chancelante, & les Ecosseuses de pois, d'après *le même*, par *Maffard & J. P. le Bas*.

7-2   100 Allégorie au Docteur Franklin, d'après *H. Fragonard*; l'Armoire, par *lui-même*; deux épreuves, dont une avant la lettre.

26-2   101 Sacrifice à Pan.
Deux Nymphes surprennent l'Amour endormi.
Estampes gravées dans la manière du crayon,

crayon, d'après *Ang. Kauffman*, par *W. Ryland*; épreuve avant la lettre.

102 Villa Madama.

Villa Sachetta.

Epreuves avant la lettre, d'après *H. Robert*, par *Janinet*.

103 La maladie d'Antiochus, d'après *B. West*, par *W. Gréen*.

104 Quatre vingt sept pièces historiques & topographiques, par *Romein de Hooge*. Quelques-unes sont très-rares.

105 Trois Estampes, dont Révolution de l'Amérique; Estampe allégorique: elle est avant la lettre. Régulus, par *M. de Marcenay*, &c.

105 Cinq, dont les Garants de la Félicité publique, Allégories au Roi & à la Reine. Ces dernières, d'après *M. Cochin*, sont eaux-fortes & finies.

107 Treize feuilles formant la Carte des Environs de Paris, par *M. l'Abbé de la Grive*; le Plan de Paris, par *le même*; celui de Saint Cloud, de Saint Germain, & du Quartier de Sainte Géneviève.

VOLUMES D'ESTAMPES
ET DIFFÉRENTES SUITES.

3. 18   108 Quinze Pièces, dont la grande Paſſion par *J. Callot*. Vol. *in* 4°. oblong.
La Vie de l'Enfant prodigue ; la Suite du nouveau Teſtament, par *le même*. in-12, oblong. veau.
Varie figure di Jacopo Callot. Petit in 8. veau ; & dans le même volume différens Sujets de dévotion par *le même*.

7   109 La Suite connue ſous le nom des petits Poëtes Italiens, en cinq parties, par *S. le Clerc* ; in-4°. veau. oblong. La Paſſion de Notre-Seigneur par *le même*. Epreuves avant les bordures ; in-12. veau, oblong. Fables d'Éſope ; par *le même* : in-12. oblong.

13   8   110 Vignettes pour les Œuvres de la Fontaine, en ſoixante onze pièces. Epreuves avant l'édition format in-12.

30   111 *Palazzi di Genova da P. P. Rubens*. Les deux parties en un vol. in-fol. veau.

18. 12   112 Deux cent huit, Vues topographiques des principales Villes de France, en 2 vol. in-fol. veau, dorés ſur tranche.

24. 5   113 Les Délices de Paris & de ſes environs, en deux cent dix planches deſſinées

& gravées pour la plus grande partie par
Perelle. Paris, 1753., in fol. veau.

114 Plan de Paris, fait sous les ordres de
M. Turgot : in-fol. veau.

115 Recueil de Plantes des Indes, par M.
S. Merian. Vol. in fol. broché en carton.

116 Habillemens de plusieurs Nations, re-
présentés au naturel en cent trente-sept
belles figures, & publiés par *Vander-Aa*.
Leyde, in-4°. veau oblong.

117 Recueil de Vases composés & gravés par
J. Saly, en trente pièces, in-4°. carton.

118 Suite de Vases gravés à l'eau-forte, d'a-
près les Dessins de *A. Petitot*, par *B. Bossy*.
Parme, 1764, in-4°. maroquin, filets
doré sur tranche.

119 Lucernæ Veterum Sepulchrales Iconicæ,
à Petro Sancti Bartoli. *Coloniæ*, 1702,
3 part. en un vol. petit in-fol. veau.

120 Recueil de différens Oiseaux, Poissons,
Lampes antiques, &c. & à la fin du volume les différens accroissemens de Paris :
in fol. veau.

DIFFÉRENS OBJETS DE CURIOSITÉ.

19. 12   121 Une Caſſolette en terre des Indes, avec pieds, collets & anſes formés de feuilles de vignes de bronze doré.
Hauteur 10 pouces.

7. 4   122 Le Triomphe de Galathée, bas relief en cuivre, d'après *Ant. Coypel*, par *le Lorrain*, Sculpteur de l'Académie Royale.
Hauteur 4 pouces 3 lignes, Largeur 6 pouces 6 lignes.

57. 1   123 Deux Vaſes en marbre blanc, avec pieds & gorges de bronze doré d'or moulu.
Hauteur 13 pouces.

22. 4   124 Joſeph & la Femme de Putiphar; joli bas relief de forme ovale.
Hauteur 2 pouces 3 lignes; Largeur 2 pouces 9 lignes.

17. 4   125 La Vierge debout; elle tient l'Enfant Jéſus. Beau morceau de ſculpture, en bois de poirier par *Sarrazin*.
Hauteur 13 pouces 6 lignes.

4. 16   126 Une belle plaque d'agathe, de laquelle on a profité des accidens de la pierre pour y repréſenter un Berger gardant ſes troupeaux & un homme pêchant à la ligne.

Hauteur 3 pouces 6 lignes, Largeur 3 pouces.

127 Un Tableau de pierre de Florence. Il imite parfaitement les Ruines. On y distingue des plantes, & différens accidens singuliers.

Hauteur 7 pouces 6 lignes, Largeur 4 pouces 6 lignes.

128 Deux Tableaux faisant pendans. Ils sont de pierre de rapport, tels que Jaspe, Agathe, Lapis, Cornalines, Marbres précieux, &c. Ils représentent chacun un Paon, des Arbrisseaux & Fleurs.

Hauteur 3 pouces 3 lignes, Largeur 7 pouces.

129 Deux jolis petits Dessus de Boëtes, l'un d'écaille piqué en or, l'autre d'ancien laque, avec Ornemens piqués en or sur yvoire.

130 Deux Vues de Marseille, d'après J. *Vernet*, elles sont faites au tour sur écaille, couverte d'une feuille d'or, par *Compigné*. Bordures aussi d'écaille.

131 Barometre & Thermometre. Ils sont garnis de bronze, & le corps de chaque boëte est de bois d'ébene. Sur pieds pareils.

Les socles sont de bois sculpté & doré. Hauteur 4 pieds.

132 Quelques Tableaux, Deſſins, Eſtampes, & autres objets de curioſité que l'on détaillera.

FIN.

Lû & approuvé ce 18 Avril 1780. RENOU, pour M. COCHIN.

Vu l'Approbation, permis d'imprimer ce 19 Avril 1780. LE NOIR.

De l'Imprimerie de PRAULT, Imprimeur du Roi, Quai de Gêvres.

Dans cette vente plusieurs particuliers y ont
mis des objets dont ay après la liste

par lettre

B   m.rs Carle
c   charpentier
D   Rousseau
E   Dablon
G   Dumex
H   Lallié
i   Pouey
K   chedru
L   Prault
N   Borel fils
o   Borel pere
P   charlier
Q   godeffroy
R   Segrave